Pensamiento Positivo

Una Guía Para El Crecimiento Personal Para Alcanzar Sus Metas Y Triunfar En La Vida

(Una Guía Definitiva Para Aumentar La Autoestima Y La Vida Exitosa)

Ciro Alva

Publicado Por Daniel Heath

© **Ciro Alva**

Todos los derechos reservados

Pensamiento Positivo: Una Guía Para El Crecimiento Personal Para Alcanzar Sus Metas Y Triunfar En La Vida (Una Guía Definitiva Para Aumentar La Autoestima Y La Vida Exitosa)

ISBN 978-1-989808-69-6

Este documento está orientado a proporcionar información exacta y confiable con respecto al tema y asunto que trata. La publicación se vende con la idea de que el editor no esté obligado a prestar contabilidad, permitida oficialmente, u otros servicios cualificados. Si se necesita asesoramiento, legal o profesional, debería solicitar a una persona con experiencia en la profesión.

Desde una Declaración de Principios aceptada y aprobada tanto por un comité de la American Bar Association (el Colegio de Abogados de Estados Unidos) como por un comité de editores y asociaciones.

No se permite la reproducción, duplicado o transmisión de cualquier parte de este documento en cualquier medio electrónico o formato impreso. Se prohíbe de forma estricta la grabación de esta publicación así como tampoco se permite cualquier almacenamiento de este documento sin permiso escrito del editor. Todos los derechos reservados.

Se establece que la información que contiene este documento es veraz y coherente, ya que cualquier responsabilidad, en términos de falta de atención o de otro tipo, por el uso o abuso de cualquier política, proceso o dirección contenida en este documento será responsabilidad exclusiva y absoluta del lector receptor. Bajo ninguna circunstancia se hará responsable o culpable de forma legal al editor por cualquier reparación, daños o pérdida monetaria debido a la información aquí contenida, ya sea de forma directa o indirectamente.

Los respectivos autores son propietarios de todos los derechos de autor que no están en posesión del editor.

La información aquí contenida se ofrece únicamente con fines informativos y, como tal, es universal. La presentación de la información se realiza sin contrato ni ningún tipo de garantía.

Las marcas registradas utilizadas son sin ningún tipo de consentimiento y la publicación de la marca registrada es sin el permiso o respaldo del propietario de esta. Todas las marcas registradas y demás marcas incluidas en este libro son solo para fines de aclaración y son propiedad de los mismos propietarios, no están afiliadas a este documento.

TABLA DE CONTENIDO

Parte 1 1

Introducción 2

Capítulo 1: El Poder Del Pensamiento Positivo 3

Capítulo 2: Como Serpositivo 10

Capítulo 3: Beneficios De Tener Pensamientos Positivos ... 15

Capítulo 4: El Pensamiento Positivo Vs. El Principio Pollyanna 22

Capítulo 5: Éxito En Carrera Y Relaciones........................... 26

Conclusión 32

Parte 2 33

Introducción 34

Capítulo 1: ¿Cómo Funciona El Pensamiento Positivo?...... 37

Consejos Para Desarrollar El Pensamiento Positivo 40

Capítulo 2: Beneficios Del Pensamiento Positivo 45

Construye La Salud Física... 45

Disminuye Los Niveles De Estrés 46

Mejora Las Relaciones... 48

Mejora El Enfoque 50

Construye Mayor Confianza En Sí Mismo Y Autoestima 51

Ayuda A Vivir Una Vida De Abundancia 52

Conduce A Carreras Más Gratificantes............................... 54

Recuperarse Se Vuelve Fácil 56

Capítulo 3: Lo Que Los Pensamientos Negativos Y Positivos Le Hacen A Su Mente 58

Cómo El Pensamiento Positivo Le Da Poder 61

Se Empieza A Valorar Más 63

Cree En Sí Mismo................................. 65

Se Vuelve Determinado 67

Se Vuelve Creativo 68

Capítulo4: El Poder Del Pensamiento Positivo 70

Pensamiento Positivo Y Física Cuántica............................ 75

Causas Del Pensamiento Positivo 77

Capítulo 5: Ejercicios Para La Positividad 81

Crea En Que Puede Cambiar 82

Empiece Desde El Principio 83

Sea Consciente De La Negatividad 84

Deje De Catastrofizar............................. 85

Filtrar Y Polarizar 86

Utilice La Respiración 86

Alimente La Mente 87

Establezca Lo Positivo 88

Enseñe Y Ayude A Los Demás............................. 89

Muéstrese Agradecido 90

Grandes Beneficios Físicos 91

Capítulo 6: Cuando Lo Positivo Puede Ser Negativo........... 95

Conceptos Erróneos Sobre El Pensamiento Positivo 95

Obstáculos Para El Pensamiento Positivo 96

Capítulo 7: Cómo Resolver Los Problemas Personales..... 103

Conclusión 107

Parte 1

Introducción

Quiero agradecerte y felicitarte por descargar el libro,
Este libro contiene paso y estrategias probadas sobre cómo desarrollar pensamientos positivos y usar tu optimismo para tener éxito en la vida.
Este libro te dará también información sobre los beneficios— así como los inconvenientes— de tener pensamientos positivos.
Gracias otra vez por descargar este libro, ¡espero que lo disfrutes!

Capítulo 1: El Poder del Pensamiento Positivo

Nadie quiere estar cerca de alguien que es pesimista, cínico, y lleno de energía negativa. Estar cerca de alguien así, puede ser agotador y frustrante. Si quieres que tu día sea más brillante, deberías salir con gente que estalla de energía positiva. Estar cerca de alguien que es alegre y tiene una actitud positiva puede influirte de una buena manera. Así que, si quieres ser más productivo y exitoso, deberías desarrollar el pensamiento positivo.

Puede que pienses que el pensamiento positivo solo se trata de tener una actitud optimista y ser feliz, pero, en realidad, hay más que eso. De hecho, el pensamiento positivo puede ayudarte a desarrollar habilidades así como hacer tu vida más valiosa. Esta noción puede ser respaldada por investigaciones. Grupos de investigadores estudian el impacto del pensamiento positivo en la salud, el trabajo, y la vida en general. Ellos tienen pruebas de que el pensamiento positivo pueden en realidad hacerte más exitoso en la vida.

Investigadores saben que las emociones negativas pueden conducir a ciertas acciones. Estas emociones tienden a estrechar tu mente y tus pensamientos. Cuando te enfocas en el pensamiento negativo, te aíslas del mundo exterior y limitas tus opciones. Tu cerebro se desconecta del mundo exterior y solo le da importancia a las emociones negativas como el miedo o el enojo. Así que, cuando tienes pensamientos negativos, te tornas más estresado.

Bárbara Fredrickson, una profesora de psicología en la Universidad de Carolina del Norte, es una de las personas que estudian el pensamiento positivo. Ella conduce investigaciones sobre psicología positiva, siendo su trabajo principal el sugerir que las emociones positivas pueden conducir a comportamiento expansivo, exploratorio u original, el cual puede, eventualmente, conllevar a relaciones sociales significativas. De acuerdo con un ensayo emblemático que ella publicó, el pensamiento positivo puede, significativamente, afectar tus habilidades.

Fredrickson realmente probó los efectos de las emociones positivas en el cerebro a través de un experimento simple. Su experimento involucraba a cinco grupos sujetos de investigación. A cada uno de estos grupos se les mostraron varios clips de filmes. Para los primeros dos grupos, filmes que involucraban emociones positivas fueron mostrados. Después de ver estos clips, el primer grupo fue capaz de experimentar alegría mientras el Segundo grupo fue capaz de experimentar contentamiento.

El tercer grupo sirvió como el grupo de control. Alos participantes se les mostraron clips neutrales que no producían ninguna emoción significante. Como resultado, los participantes en este grupo no tuvieron ni sentimientos positivos o negativos. A los últimos dos grupos, sin embargo, se les mostraron clips de filmes que resultaban en emociones negativas. Al cuarto grupo se les mostraron clips que los hicieron sentir miedo mientras que al quinto grupo se les mostraron clips que los hacían sentir enojados.

Al final del experimento, se les pidió a los participantes que se imaginaran a ellos mismos en situaciones que involucraban emociones similares. Se les dieron piezas de papel y se les dijo que anotaran las cosas que ellos habrían hecho en ese tipo de situaciones. Los participantes que sintieron enojo y temor escribieron muy pocas respuestas. Por otra parte, los participantes que sintieron contentamiento y felicidad escribieron respuestas extensas. En realidad tuvieron más respuestas que los participantes en el grupo de control.

Así que, en conclusión, las emociones positivas como el amor, la felicidad y la alegría pueden conducir a más posibilidades en la vida. Los hallazgos sugieren que las emociones positivas tienden a ampliar el sentido de posibilidad, así como abrir la mente a mejores opciones. Y lo que es más, el pensamiento positivo no solo dura por un periodo corto de tiempo. De hecho, puede durar aun después de que las sensaciones buenas se han disipado.

El beneficio más grande de las emociones positivas es tener la habilidad de desarrollar capacidades y recursos que son útiles en la vida. Para entender esto completamente, deberías considerar los ejemplos del mundo real. Por ejemplo, niños que corren por ahí y se divierten al aire libre pueden desarrollar capacidades físicas y sociales al jugar y comunicarse con sus amigos. También pueden desarrollar capacidades creativas al explorar y examinar el mundo a su alrededor.

Esto solo muestra que las emociones positivas pueden ayudar a estos niños a desarrollar capacidades que pueden ser valiosas y útiles en sus vidas. Las capacidades que fueron desarrolladas han obviamente durado mucho más que las emociones que las iniciaron. Así que, ¿cómo puede esto beneficiar a estos niños? Aquellos que han desarrollado capacidades físicas pueden usar su habilidad para adquirir becas escolares atléticas cuando son lo suficientemente grandes para ir al colegio.

Asimismo, aquellos que han desarrollado capacidades sociales pueden tener trabajos que involucran interacción social. Aquellos que han desarrollado capacidades creativas pueden convertirse en artistas y compartir su creatividad con otra gente. Los sentimientos de felicidad que han promovido la creación y exploración de nuevas habilidades cesaron pronto. Sin embargo, las habilidades que fueron desarrolladas de esos sentimientos de felicidad continuaron prevaleciendo.

Fredrickson le llama a esto la teoría de "expandirse y construir". Esto es debido al hecho de que las emociones positivas amplían el sentido de posibilidades y abren la mente. Por esto, eres capaz de desarrollar nuevas habilidades que pueden probar ser valiosas en tu vida. Por otra parte, las emociones negativas producen resultados opuestos porque cuando el peligro o miedo se siente, las capacidades necesarias para el crecimiento y el éxito se vuelven irrelevantes.

Capítulo 2: Como SerPositivo

Así que, ¿cómo puedes hacer de ti mismo una persona positiva?¿Cómo puedes desarrollar el pensamiento positivo y dejar de tener pensamientos negativos? ¿Qué puedes hacer para mejorar la manera en como piensas y como sientes? Hay numerosas maneras sobre cómo puedes hacer esto. Lo que sea que te haga feliz y contento puede contar. Puedes, también, intentar maneras nuevas sobre como sentirte más calmado y más relajado. Como sabes, una mente en paz puede idear pensamientos más felices.

Por ejemplo, puedes intentar la meditación. De acuerdo a Fredrickson y otros investigadores, la gente que se compromete a la meditación tienden a tener más sentimientos positivos que aquellos que no. También, la gente que medita regularmente tiende a desarrollar capacidades valiosas. Tres meses después de que el experimento de Fredrickson fuera finalizado, los participantes que se involucraron en la meditación diaria han continuado mostrando conciencia y apoyo social.

No necesitas tener un lugar especial para meditar. No hay necesidad de que te dirijas hacia las montañas o hacia la playa. Puedes meditar en donde sea, siempre y cuando sea pacífico y silencioso. Solo siéntate y relájate. Inhala y exhala, y libera tu mente de los pensamientos negativos. Cierra tus ojos y concéntrate en tu respiración. Mantén tu mente enfocada en las cosas que quieres lograr en la vida.

Escribir es otra manera grandiosa que puedes intentar. A través de la escritura puedes expresar tus pensamientos más íntimos. Dejar salir a tus pensamientos puede aclarar tu mente y hacerte sentir más tranquilidad. Lo creas o no, escribir sobre cosas positivas puede, en realidad, afectar tu salud de una buena manera en un periodo corto de tiempo. Un estudio ha revelado que escribir sobre experiencias positivas puede propiciar un estado de ánimo mejorado y un cuerpo más fuerte.

Puedes llevar un registro o un diario. Cada día, registra tus sentimientos, pensamientos y actividades. No te preocupes por tener una gramática perfecta o tener sentido en absoluto. Es tu diario o registro personal, después de todo; nadie más tiene que leerlo. Está bien escribir sobre cualquier cosa sobre él. En caso de que sientas cualquier enojo o miedo, escribir sobre ello puede ayudarte a liberar los sentimientos negativos. Unavezquehayasterminado, tesentirásseguramentemejor.

Jugar también es recomendado si quieres vivir una vida larga y feliz. Mientras que el trabajar es importante, jugar no debería ser olvidado. Aun deberías divertirte de vez en cuando. Aun cuando tu horario sea muy ocupado, revisa que siempre encuentras tiempo para jugar. Puedes jugar algún deporte, juegos de mesa, e incluso videojuegos. Tomar un descanso de tu agitado estilo de vida es importante para mantener una mente y cuerpo balanceados.

Como dice el dicho, todo el trabajo y nada de juego hace de Jack (o Jill) un niño opaco (o niña). Debido a esto, deberías encontrar tiempo para jugar y disfrutar. Toma un permiso de tu trabajo aunque sea solo por un día. ¿De qué sirve todo el dinero que ganaras si no estarás saludable o vivo para disfrutarlo? Así que, toman un descanso y juega. Jugar es bueno para tu mente y cuerpo. Puede hacerte sentir bien y pensar pensamientos felices.

Además, deberías intentar hacer cosas que nunca has hecho antes. Deberías tener espacio para nuevas experiencias. Aunque la rutina puede hacerte sentir seguro y a salvo, el salirte de tu zona de confort puede, en realidad, hacerte sentir mejor. ¿Cuándo fue la última vez que hiciste algo extraordinario? Si nunca has escalado una montaña o corrido un maratón, deberías hacerlo ahora. Ganar nuevas experiencias puede hacerte sentir regocijado.

Existen muchas otras maneras para que seas feliz. Intenta involucrarte en actividades divertidas y rodearte de gente con actitud positiva. Empieza un nuevo pasatiempo como pintar, dibujar, esculpir o hacer manualidades. Tanto como sea posible, deberías mantenerte alejado de gente que está llena de pensamientos negativos. Aunque puedes intentar influirlos a ser optimistas. Solo asegúrate de que su negatividad no sea contagiada a ti.

Capítulo 3: Beneficios de Tener Pensamientos Positivos

Cuando te sientes decaído, tus amigos o familia pueden decirte que mires el lado bueno de las cosas o que veas el vaso como medio lleno, en vez de medio vacío. Estas palabras de aliento denotan que estas personas son pensadores positivos. El pensamiento positivo puede parecer poco útil, pero, de hecho, es muy útil. Hay numerosos beneficios que puedes obtener del pensamiento positivo. Si eres optimista, el éxito seguramente se atravesará en tu camino.

Ha sido encontrado que los pensadores positivos lidian con el estrés mucho mayor que los pesimistas. Cuando los pensadores positivos enfrentan una situación estresante, ellos simplemente la eliminan y continúan avanzando. A pesar de ello, ellos no viven en negación o pretenden que no hay ningún problema. Aun así, reconocen el problema, pero se rehúsan a ser dominados por ello. Los pensadores positivos están en control total de la situación, así que son capaces de manejar todo con gracia.

Ser capaz de lidiar con el estrés rápida y fácilmente es una ventaja definitiva. Si puedes hacer esto, serás capaz de triunfar en tu carrera. Por ejemplo, si aplicaras para un trabajo pero fueras rechazado, tienes dos opciones: deprimirte y perder la esperanza o ponerte de pie e intentar otra vez. Si eliges la primera, la cual es una opción negativa, permanecerás inactivo. Si no haces un movimiento para cambiar la situación, nunca conseguirás trabajo.

Por otra parte, si eliges la opción positiva, serás capaz de empezar de nuevo. Ser rechazado en tu primera búsqueda de trabajo puede ser doloroso. Puedes perder la esperanza y la auto-confianza. Puedes, incluso, sentirte no valioso para el trabajo. Pero si piensas positivamente y miras el lado bueno, te darás cuenta de que el trabajo que inicialmente buscabas puede que no sea el trabajo correcto para ti. Así que, intentaras e intentaras otra vez hasta que finalmente obtengas un trabajo. Tus pensamientos positivos pueden ayudarte a aterrizar en un mejor y más apropiado trabajo.

Asimismo, el pensamiento positivo puede ayudarte a ser más firme. La firmeza se refiere a la habilidad de una persona para lidiar con problemas. Si eres una persona firme, serás capaz de lidiar con traumas o crisis sin mucha dificultad. Serás capaz de continuar con gracia y superar dicha adversidad. La gente optimista usualmente piensa en lo que pueden hacer para solucionar un problema cuando se enfrentan a una situación desafiante.

En vez de perder la esperanza y rendirse, ellos recolectan sus recursos disponibles y tratan de pedir ayuda a otras personas. Esto les permite tener éxito al final. De acuerdo a investigadores, los pensamientos positivos proporcionan confort a las personas firmes durante tiempos de crisis como un desastre natural o un ataque terrorista. Las emociones positivas les ayudan a prosperar y combatir la depresión. Es muy importante mantenerse positivo durante estos periodos difíciles si quieres mantenerte con vida y no vivir una vida triste.

Expertos creen que la firmeza y el optimismo pueden ser aprendidos y cultivados. Por consecuencia, no deberías pensar que nunca podrás ser una persona optimista si es que te consideras un pesimista. Ten en mente que la gente es capaz de cambiar. Puedes cambiar tu actitud negativa y ser más optimista sobre la vida. Al cultivar emociones positivas y recompensas, serás capaz de manejar tus niveles de estrés mejor. Serás capaz de evitar sentirte deprimido y construirás habilidades para sobrellevar problemas que te pueden servir bien en el futuro. Si eres optimista, serás exitoso en la vida porque no te enfocarás en los problemas que pasen por tu camino. También serás capaz de inspirar a otras personas para ser optimistas y tener pensamientos positivos. Si eres firme, no será fácil que seas doblegado por la gente que te tenga envidia.

El pensamiento positive puede mantenerte motivado. Obviamente, mientras más motivado estés para lograr tus metas, más rápido las alcanzaras.

Cuando estés motivado, nada será un obstáculo para ti. No importará si hay gente que constantemente quiera doblegarte. Los fracasos no serán gran cosa. La motivación te mantendrá intentándolo hasta que finalmente obtengas lo que te propongas.

El pensamiento positivo puede también mejorar la inmunidad. De acuerdo a investigadores, la mente puede tener un efecto muy poderoso en el cuerpo. De hecho, la inmunidad es un área en la cual tu actitud y pensamientos pueden tener una influencia poderosa. De acuerdo a un estudio, la activación de ciertas áreas del cerebro que están asociadas con las emociones negativas puede conllevar a respuestas de inmunidad más débiles hacia las vacunas contra la gripe.

Los investigadores Sephton y Segerstrom encontraron que la gente que eran optimistas en relación a áreas específicas de sus vidas han mostrado tener una respuesta de inmunidad más fuerte comparadas con aquellos que eran pesimistas sobre las suyas. Tener un sistema de inmunidad fuerte te permitirá vivir más. También, puede ayudarte a aterrizar en el trabajo de tus sueños. Deberías darte cuenta de que los empleadores no quieren contratar a gente que son débiles físicamente por que pueden ser responsabilidades para la empresa.

El pensamiento positive es, obviamente, bueno para la salud. No solo mejorará tu habilidad para lidiar con el estrés y fortalecerá tu sistema inmune, sino que también afectará tu bienestar general. Si eres optimista, tendrás un lapso de vida más largo. Habrásreducidoriesgos de enfermedadescardiovasculares. También, no serás propenso a la depresión; y como no estarás deprimido, muy probablemente no serás adicto al alcohol, cigarrillos, y drogas.

Como sabes, el engancharse con estas sustancias es malo para tu salud. Si no cuidas de ti mismo, serás dañado física, emocional y mentalmente. Sabes demasiado bien que nadie quiere contratar o hacer negocios con una persona que tiene problemas de salud. Si eres enfermizo o, frecuentemente, estas fuera de tu cabeza debido a las drogas, no serás capaz de hacer tu trabajo bien. Como resultado, tú y la compañía para la cual trabajas tendrán problemas.

Además, el pensamiento positive puede hacerte más atractivo. Si quieres ser hermoso y verte más joven, deberías siempre pensar pensamientos positivos. Deberías intentar evitar pensar en pensamientos negativos porque solo conducen al estrés. Estudios han probado que el estrés puede contribuir a envejecer rápido y a tener problemas de salud. Si siempre estas estresado, desarrollaras arrugas y líneas faciales feas. Tu piel se notara apagada y tu cabello será seco y quebradizo.

Capítulo 4: El pensamiento Positivo vs. El Principio Pollyanna

Si estas familiarizado con la ley de atracción, la cual es una de las leyes universales, sabes que tener pensamientos positivos puede conducir a resultados positivos. Lo que piensas es lo que obtienes. Por ende, si quieres tener buenas cosas en la vida, deberías pensar solo pensamientos buenos. Si no quieres atraer vibras negativas, deberías evitar pensar pensamientos desagradables.

Tener pensamientos positivos es verdaderamente benéfico. Sin embargo, no deberías tenerlos todo el tiempo. Tampoco deberías confundir el pensamiento positivo con el principio Pollyanna. El principio Pollyanna, también conocido como parcialidad de forma positiva o Pollyannaismo, es la tendencia de los individuos a estar de acuerdo con declaraciones positivas que los describen.

Este fenómeno es verdaderamente similar al efecto Forer o el efecto Barnum, el cual es la observación que la gente da altas puntuaciones de exactitud a descripciones de su personalidad que ellos piensan son específicamente adaptados a ellos, pero, de hecho son vagos y aplican a un amplio rango de personas.

De acuerdo a investigadores, la mente tiende a enfocarse en lo optimista en el nivel subconsciente. Por otra parte, tiende a enfocarse en lo negativo en el nivel consciente. La parcialidad subconsciente hacia lo positivo es usualmente considerada como el principio Pollyanna. Así que, antes de que te pongas anteojos color de rosa, asegúrate de que sabes la diferencia entre el pensamiento positivo y el principio Pollyanna.

Aunque el pensamiento positivo y el optimismo pueden tener muchos beneficios, aún hay tiempos en los cuales no sirvan bien. Ten en mente que tener pensamientos positivos no debería significar el desconectarte de la realidad. Es bueno enfocarse en el lado bueno de las cosas y no habitar en el lado feo, pero aun deberías estar alerta de los sucesos a tu alrededor.

Deberías ser muy cuidadoso de no volverte excesivamente optimista. Si lo haces, puede que experimentes problemas y dificultades. Por ejemplo, puedes sobreestimar tus habilidades y tomar más de lo que puedes manejar. Esto puede, eventualmente, conducir a más ansiedad y estrés. Por lo tanto, deberías saber exactamente de lo que eres capaz.

No es recomendable favorecer el lado positivo sobre la realidad. Psicólogos recomiendan que el pensamiento positivo debiera ser sobre creer en tus capacidades, tener un enfoque optimista hacia los retos, y sacar lo mejor de circunstancias desfavorables. Las cosas malas son inevitables; no puedes deshacerte del mal completamente, aun si lo intentas con tus pensamientos positivos. Siempre habrá gente que tratara de doblegarte, calamidades naturales, y eventos desagradables sobre los cuales tú no tienes nada de control. Te sentirás lastimada y decepcionada. No obstante, deberías seguir adelante sin importar lo que suceda. Mantén tu cabeza en alto y sacúdete las cosas malas.

Está bien entristecerse y enfadarse por un rato, pero no deberías deprimirte por el resto de tu vida. Tienes que hacer algo sobre las cosas malas que experimentas. Ya sea que los dejes colarse bajo tu piel o te los sacudes. Si quieres triunfar en la vida, deberías optar por la segunda opción. En vez de estar abrumado con emociones negativas, deberías disponerte para alcanzar tus metas.

Capítulo 5: Éxito en Carrera y Relaciones

El optimismo puede resultar en una mejor salud y apariencia. Cuando estas lleno de pensamientos positivos, puedes ser capaz de evitar varias enfermedades. También te verás radiante y fresco. Lo que es más, podrás mejorar el estado de tu carrera y relaciones personales. Los pensamientos positivos pueden realmente hacer una diferencia en tu vida. ¿Cómo puede esto pasar?

Tener pensamientos positivos puede ayudarte a crecer. Si no crees que algo es posible, no podrás ser capaz de lograrlo. Tus pensamientos negativos solo te prevendrán crecer y tomar oportunidades. Ten en mente que tus sueños y ambiciones son fomentados por la energía positiva que les das.

El pensamiento positive también te puede ayudar a construir auto-confianza. Deberías tener pensamientos positivos desde el momento en el cual enviaste tu solicitud de trabajo hasta que has sido aceptado para el puesto. Nunca deberías parar de ser optimista aun después de que has obtenido el trabajo que siempre has querido.

Durante el proceso de solicitud, es solo natural que te sientas nervioso. Esto es especialmente verdad si es tu primera vez solicitando un trabajo. Puede que hasta te sientas no merecedor si otros solicitantes tienen mejor una mejor formación educativa o más experiencia laboral que tú. Sin embargo, estos factores por si solos no deberían doblegarte.

Deberías mantenerte seguro y continuar con tu solicitud. Si te sales de esto pronto, no serás capaz de obtener el trabajo, y si no consigues un trabajo, tendrás mas problemas porque no tendrás dinero para pagar tus necesidades. En vez de sentirte inseguro con tu competencia, deberías hacer tu mejor esfuerzo para superarlos.

Si quieres impresionar a tus entrevistadores, deberías mostrar una actitud segura y brillante. Deberías sonreír y ser amigable. Deberías mostrarles que eres entusiasta para obtener el trabajo y trabajar para ellos. Los empleadores quieren contratar gente que es eficiente y que tengan una perspectiva positiva en la vida. Ellos quieren a una persona optimista que pueda crecer con la compañía.

En caso de que no hayas sido aceptado, no deberías perder la esperanza. Deberías mantener una actitud positiva y continuar buscando trabajos que son partido para tu conocimiento y capacidades. Como dice el cliché, deberías intentar e intentar hasta que lo logres. No deberías dejar que los fracasos eviten que tengas una carrera fructífera.

Una vez que te aceptan en el trabajo, no deberías ser complaciente. Deberías siempre trabajar duro para poder ser ascendido. Cuando te encuentres con gente que son celosas de tus habilidades, deberías mantener un aura positiva. No dejes que te afecten de una manera negativa. Mantente alejado de ellos y de su negatividad tanto como sea posible.

No deberías estancarte en la negatividad porque esto solo limitara tu habilidad para sentirte bien sobre ti mismo y tu éxito. Si quieres ser más confiado, deberías deshacerte de tus pensamientos negativos. La confianza puede servirte bien en tu carrera. Si eres confiado, no tendrás problema alguno al lidiar con clientes, compañeros de trabajo, y otra gente.

Tener un aura positive también te permitirá hacer amigos en tu lugar de trabajo. Como sabes, nadie quiere estar cerca de alguien que emite un aura negativa. Si eres alegre y simpático, te llevaras bien con tus compañeros de trabajo fácilmente. Ellos estarán felices de ayudarte cuando necesites ayuda con un proyecto u otras cosas.

Albergar pensamientos positivos te mantendrá también motivado en hacer tu trabajo. No querrás faltar al trabajo. Individuos deprimidos tienden a tener dificultades para salir de la cama cada día para alistarse para el trabajo. Esto es porque se enfocan en las cosas negativas que experimentan y continúan formulando pensamientos negativos en sus mentes.

Los individuos deprimidos no ven el lado brillante de las cosas. Son también, usualmente, débiles debido a su falta de apetito, son enfermizos, o están, seguido, estresados. Ten en mente que los pensamientos negativos pueden conducir al estrés, y el estrés puede conducir a una variedad de enfermedades. Si te enfermas, obviamente, no serás capaz de ir al trabajo.

La ansiedad y la depresión pueden seriamente frenarte en tu carrera. Es por esto que deberías hacer lo mejor posible para evitar deprimirte. Continúa pensando en pensamientos positivos para poder ser más productivo. Cuando estés feliz e inspirado, serás capaz de hacer las cosas más eficientemente. Por otro lado, si te enfocas en las cosas negativas, perderás mucho tiempo quejándote.

La gente negativa usualmente se queja sobre todo tipo de cosas. Se quejan sobre la administración, su espacio de trabajo, o sus compañeros de trabajo. Si te enfocas en los aspectos negativos, no serás capaz de concentrarte en tu trabajo. No serás capaz de terminar nada, y solo empeoraras tu estado de ánimo.

Al igual que con tu carrera, serás capaz de obtener máséxito en tus relaciones personales si eres optimista. Si siempre te enfocas en los rasgos negativos de tu familia y amigos, no serás feliz cuando estés cerca de ellos y vice-versa. Ellos pueden cansarse de que los critiques y los fastidies todo el tiempo.

También, si nunca te quedas sin comentarios negativos sobre diferentes cosas, tus amigos y familia pueden empezar a evitarte. Puede que no deseen estar cerca de ti por temor a que tu energía negativa sea contagiosa. La gente generalmente no quiere estar cerca de aquellos que nunca aprecian nada o a nadie. Si quieres tener una relación significativa con la gente que aprecias, deberías siempre pensar sobre ellos positivamente.

Conclusión

¡Gracias otra vez por descargar este libro!
Espero que este libro haya sido capaz de ayudarte a averiguar cómo puedes convertirte en una persona más positiva.
El siguiente paso es aplicar lo que has aprendido de este libro a tu vida.
¡Gracias y buena suerte!

Parte 2

Introducción

¿Está su vida llena de preocupaciones y ansiedad? ¿Se siente desanimado y carece de confianza en sí mismo y de autoestima? Puede estar llenando su mente con pensamientos negativos todo el tiempo y no sabe qué debe hacer. Este libro es el secreto bien guardado que ha estado buscando por todo este tiempo. No pare de leer este libro porque está escrito para ti por un experto que ha estado en este relevante campo por años.

El pensamiento positivo es la noción que tienes la habilidad de alterar tu vida pensando sobre cosas positivas. Estudios han revelado también que el pensamiento positivo tiene un aspecto científico. No tiene poder de cambiar el mundo, pero tiene la habilidad de cambiar cómo lo ve y reacciona ante él. Consecuentemente, cuando cambias, se sentirá mejor de sí mismo así como de los demás que lo rodean.

Las emociones negativas están diseñadas para ayudarnos a sobrevivir. Tales emociones nos permiten tomar medidas rápidas y efectivas para rescatarnos cuando estamos en peligro. Además, también evitan que nos desilusionemos con lo que nos rodea.

El pensamiento positivo se refiere a una actitud mental y emocional que se concentra en el lado optimista de la vida y espera resultados positivos. Una persona que es positiva anticipa ser feliz, teniendo una perfecta salud y éxito. Además, las personas positivas creen que pueden superar cualquier obstáculo o dificultad. Lo triste es que el pensamiento positivo no es aceptable para todos; otros lo consideran sin sentido y critican a aquellos que lo siguen. Sin embargo, un número creciente de personas han aceptado el pensamiento positivo como un hecho y creen que es efectivo.

Este pensamiento positivo está ganando popularidad, pero haciendo uso de este en su vida personal; tiene que estar más que alerta de su existencia. Debe adoptar la actitud de pensar positivamente en lo que sea que haga.

Capítulo 1: ¿Cómo funciona el pensamiento positivo?

Puede que solicite un nuevo trabajo, pero no crea que lo obtendrá. Es posible que tenga baja autoestima y se considere a sí mismo como un fracaso y no digno de éxito. Esto quiere decir que tiene una actitud negativa hacia sí mismo y como resultado, piensa que los otros solicitantes son mejores y mucho más calificados que usted.

En su mente, ya ha anticipado el fracaso por los pensamientos negativos y miedos sobre el trabajo. El día de la entrevista, se despierta tarde y desorganizado. Todo esto debido a la forma en que determina su mente. Tiene que aprender a cómo convertir sus sueños en realidad con técnicas simples. Haga su vida mejor, encuentre el amor, atraiga dinero y crea éxito. Desde que fue a la entrevista sin preparación y muy tenso, no consiguió el trabajo.

Ahora, veamos a una persona diferente que puede que haya aplicado para el mismo trabajo que usted. Su enfoque es diferente al suyo. Él fue optimista sobre conseguir el trabajo, casi seguro. Antes de la entrevista, se preparó y fue a la cama temprano. El día de la entrevista, se levantó más temprano de lo usual, tuvo suficiente tiempo para desayunar y por lo tanto, llegó a la entrevista antes del horario establecido. Él hizo una buena impresión y consiguió el trabajo.

¿Qué nos enseña esto? Demuestra que todo sucedió de forma natural.

Cuando tenemos una actitud positiva, experimentamos sentimientos placenteros y felices. En consecuencia, nuestros ojos se iluminan más; contamos con más energía y felicidad. Debería saber también que afectamos y nos vemos afectados por la gente que conocemos. Esto pasa inconscientemente a través de las palabras, el lenguaje corporal, los pensamientos y los sentimientos. Esta es la razón por la que todos quieren estar cerca de personas positivas y evitar a las negativas.

Cuando somos positivos, las personas están más inclinadas a ayudarnos. Los pensamientos, palabras y actitudes negativas crean sentimientos negativos, así como de estados de ánimo y comportamiento infelices. Cuando tenemos mentes negativas, los venenos se liberan en el torrente sanguíneo y causan más infelicidad y negatividad. De esta manera, nos dirigimos al fracaso y la decepción.

Consejos para desarrollar el pensamiento positivo

Para usted volver su mente hacia lo positivo, el esfuerzo interno es necesario porque la actitud y pensamientos no cambian de la noche a la mañana.

- Lea sobre el pensamiento positivo, conozca sus beneficios y convénzase para intentarlo. El poder de sus pensamientos es poderoso y está constantemente dándole forma a su vida. Lo hace en su vida inconscientemente; sin embargo, es posible hacer el proceso conscientemente. No tiene nada que perder intentándolo.

- No le de importancia lo que otros digan o piensen de usted una vez que se den cuenta que ha cambiado su manera de pensar.

- Haga uso de su imaginación para visualizar solo las situaciones que son favorables y beneficiosas.

- Utilice palabras positivas en su diálogo interior o cuando está hablando con los demás.

- Forme un hábito de sonreír más porque esto ayuda en su pensamiento positivo.

- Tan pronto como un pensamiento negativo le venga a la mente, debe reconocerlo y trabajar para reemplazarlo por uno constructivo. A medida que se acostumbre a esto, su mente aprenderá cómo pensar positivamente y cómo ignorar los pensamientos negativos.
- En caso de que experimente resistencia interna y dificultades para reemplazar los pensamientos negativos, no se dé por vencido, sino trate de mirar solo los pensamientos beneficiosos y felices que tiene en mente.
- Sus circunstancias actuales no importan. Sea positivo en su pensamiento y siempre espere buenos resultados.

- Otro método útil es la repetición de afirmaciones.

Algunos beneficios del pensamiento positivo son:

- Reduce el estrés diario.
- Mejor salud.
- Incrementa su seguridad.
- Vida más larga.
- Vida más feliz.

Recuerde siempreque, ¡lo que vive hoy es un resultado de sus pensamientos de ayer y lo que vivirá mañana es el resultado de sus pensamientos de hoy!

¿Qué es exactamente el pensamiento positivo? Puede sentir la tentación de asumir que el pensamiento positivo significa ver el mundo como perfecto ignorando los aspectos negativos que existen. Por el contrario, el pensamiento positivo significa el pensamiento positivo significa enfrentar los desafíos de la vida con una mente positiva.

El pensamiento positivo consiste en aprovechar al máximo las situaciones malas, tratando de ver lo mejor en los otros así como viéndose a sí mismo y sus habilidades desde una perspectiva positiva.

Los términos pensamiento positivo y psicología positiva a veces se usan indistintamente; sin embargo, no significan lo mismo. El pensamiento positivo es ver las cosas desde una perspectiva positiva, mientras que la psicología positiva está más inclinada al optimismo.

Capítulo 2: Beneficios del pensamiento positivo

Su capacidad de ver el lado más brillante de las cosas tiene un montón de espléndidos beneficios. Un estado de ánimo positivo puede llevar a una reducción del estrés, a un pensamiento más creativo y a un mayor entusiasmo para alcanzar sus objetivos. Si todo es luz de sol en el patio trasero de su mente, tratará los fracasos como escalones hacia el éxito, buscará soluciones a los problemas, se sentirá más inspirado para crear la vida de sus sueños y aprenderá a detectar oportunidades.

Construye la salud física

El pensamiento positivo no solo nutre su mente, sino también su corazón. Según la investigación en el Boletín Psicológico, el pensamiento positivo está estrechamente relacionado con la salud del corazón y reduce considerablemente el riesgo de enfermedades relacionadas con el corazón, a pesar de la edad y las condiciones físicas.

El pensamiento positivo es más que estar de buen humor. El optimismo tiene una influencia directa en nuestras células inmunitarias para ayudar a ser menos susceptibles a las enfermedades y vivir más tiempo. Haga de la positividad su arsenal definitivo para combatir enfermedades y lleve una vida más saludable.

Disminuye los niveles de estrés
El pensamiento positivo ayuda a reducir

los niveles de estrés y mejora su bienestar general. Cuando sus pensamientos están centrados en la positividad y la bondad, cree que lo tiene en usted para lograr un resultado más positivo para cualquier situación dada. Se empieza a enfocar en todas las posibilidades.

Cuando una persona se centra se enfoca en lo que es posible o lo que ellos quisieran crear idealmente, eliminan los pensamientos negativos o todo eso que pudiera ir mal. Esto no solo reduce el estrés, sino que también aumenta la posibilidad de ayudarlo a lograr el resultado deseado, lo que nuevamente reduce el estrés. ¿No es el estrés causado cuando dudamos de nuestras capacidades?

¿Cuándo comienza la gente a estresarse por pagar las cuentas o por no tener suficiente dinero? Esto sucede cuando las personas creen que no tienen el dinero o que no pueden ganar suficiente dinero. De manera similar, el estrés en las relaciones ocurre cuando empezamos a creer que las cosas simplemente no funcionan. Si cree que va a disfrutar una relación feliz y sana, no se estresará por ello. Simplemente hará todo lo necesario para disfrutar de una relación sana y satisfactoria. Por lo tanto, los pensadores positivos experimentan menos dudas y niveles de estrés para disfrutar de una vida más productiva y sin problemas.

Mejora las relaciones
Es fácil de sentirse bien con las personas

positivas por la energía contagiosa de sentirse bien que crean a su alrededor. Además, como todo lo demás en la vida, las personas positivas experimentan una mayor satisfacción en sus relaciones porque eligen centrarse en sus virtudes. Los pensadores positivos también trabajan más duro para construir relaciones significativas. También se conducen más efectivamente en las relaciones debido a sus pensamientos constructivos y su mentalidad optimista.

Cuando elige operar con un estado de ánimo positivo, observa las cosas buenas de las personas en lugar de sus debilidades. Esto le permite experimentar una mayor intimidad y comprensión en las relaciones.

Mejora el enfoque

El pensamiento positivo le ayuda a concentrarse en encontrar soluciones, en lugar de obsesionarse con los problemas. Aprendes a deshacerte de los patrones de pensamiento negativo y de los que matan el tiempo, y en su lugar, desarrolla soluciones más creativas que eliminan el problema. El pensamiento constructivo mata los pensamientos negativos que distraen la atención y le ayuda a enfocarse en abordar cada problema o situación con una mentalidad orientada a la solución.

Las personas de pensamiento positivo pueden mantener sus ojos fijos en el panorama general o en una perspectiva más amplia, lo que les ayuda a identificar soluciones en vez de estar envueltos en problemas. Mientras que las personas negativas muestran una visión corta al concentrarse solo en los problemas, los optimistas canalizan su energía para cumplir objetivos más grandes.

Construye mayor confianza en sí mismo y autoestima

Los pensadores positivos, a pesar de todas las probabilidades prevalecientes, muestran una fe absoluta en sus habilidades. Creen en su verdadero potencial y en su capacidad para alcanzar el éxito. Estas personas están más cómodas en su piel y orgullosas de sus logros. Se dan cuenta de que, aunque no pueden controlar todo lo que les sucede, pueden controlar su reacción y hacer que cualquier situación les resulte útil.

Los pensadores positivos operan desde un punto en el que creen en su poder para lograr un objetivo imposible, que refleja la confianza con la que se conducen. Esto no es solo un falso sentido de orgullo o ego. Es una creencia inquebrantable en su capacidad para crear la vida de sus sueños. Los pensadores positivos no se preocupan por los "qué pasaría si". Simplemente salen y hacen lo que se les exige. Esto hace maravillas en su autoestima y confianza en sí mismo.

Ayuda a vivir una vida de abundancia
El pensamiento positivo abre a un mundo de oportunidades. Cuando no está limitado por pensamientos negativos que le frenan, es más capaz de experimentar lo bueno en la vida. Cuando tenemos

pensamientos positivos, nuestra mente subconsciente registra eso como nuestra realidad y dirige nuestras acciones en sincronización con lo que cree que es real. Por lo tanto, nuestras acciones están en total armonía con las vibraciones de nuestros pensamientos, que a su vez dan forma a nuestro destino.

Sin embargo, brevemente, la Ley de Atracción establece que nos convertimos en todo lo que pensamos. Nuestro destino es largamente guiado por la naturaleza de nuestros pensamientos. Por lo tanto, los pensadores positivos son más propensos a experimentar una vida de abundancia y bienestar, mientras que los pensadores negativos están atrapados en sus propios procesos de pensamientos desafortunados que les impiden llevar una vida gratificante y satisfactoria.

Los pensadores positivos experimentan una vida llena de abundancia porque siempre están desviando sus energías para crear y encontrar soluciones. En lugar de operar desde un punto de vista más de "falta de", funcionan con un sentido de gratitud por todo lo que tienen, lo que crea aún más cosas buenas.

Conduce a carreras más gratificantes
Un currículum no es lo único cuando se trata de buscar trabajo y construir una carrera prometedora. Como era de esperar, aquellos que estaban firmes en la creencia de que las cosas buenas los esperaban encontraban trabajos más fácilmente que aquellos con una actitud

menos esperanzadora.

Todo se deriva de la diferencia de pensamientos. Cuando cree que está destinado al éxito en su carrera, sus acciones serán dirigidas constantemente en la dirección de las oportunidades y el pensamiento constructivo, lo que a su vez creará lo que creía en primer lugar. Desafortunadamente, esto también funciona de manera igualmente efectiva para el pensamiento negativo.

Los pensadores positivos y los optimistas tienen más razones para ser felices en sus trabajos, mostrar una mayor adaptabilidad para diferentes roles, experimentar relaciones más armoniosas en el trabajo y avanzar en su carrera debido a su mayor confianza en sí mismos.

Recuperarse se vuelve fácil

Cuando la vida les da limones, los optimistas hacen una refrescante limonada. Es menos probable que se vean afectados por los reveses en la vida. De hecho, estas personas van un paso por delante y utilizan los bloques de obstáculos como escalones para alcanzar el éxito y lograr aún más éxito. Experimentan menos estrés, ansiedad y miedo al cambio para enfrentar situaciones negativas con una mentalidad más positiva. Recuperarse es una segunda naturaleza. Nada puede detenerlos por mucho tiempo.

Los pensadores positivos muestran una sólida capacidad de recuperación cuando se trata de recobrarse de las dificultades y los fracasos. No permiten que sus circunstancias determinen el curso de sus vidas, ni los disuaden de sus objetivos. Hay una voluntad más fuerte para conquistar sus circunstancias y vivir la vida exactamente como la han imaginado.

Capítulo 3: Lo que los pensamientos negativos y positivos le hacen a su mente

Imagine estar en un área desierta y caminar solo. De repente, ve una serpiente deslizándose hacia usted. El momento en que ve la serpiente en frente de sí, su cerebro registra instantáneamente el miedo, algo que con frecuencia interpretamos como una emoción negativa. Cuando registra esa emoción, comienza a correr para salvarse de esa serpiente. La investigación muestra que las emociones negativas evitan que su cerebro tome una determinada acción y, en cambio, le hace comportarse de cierta manera.

En la situación en la que se encontró con

una serpiente, es posible que haya tenido otras opciones para enfrentar la situación, pero eligió escapar. Su cerebro rechazó las muchas otras opciones que tiene; como esconderse detrás de algo o recoger una piedra y optó por la opción que sintió que podría ayudarlo a escapar.

Eso sucedió porque está en la programación de su cerebro cerrar y limitar sus opciones tan pronto como registra una emoción que considera negativa. Las emociones negativas que experimentareducen el proceso de pensamiento y lo hace enfocarse solo en los negativos.

A diferencia de esto, los pensamientos positivos amplían y fortalecen su capacidad, algo que Barbara Fredrickson ilustró en el estudio que acabamos de discutir. Las emociones positivas amplían sus horizontes, lo que abre su mente y le hace pensar en muchas posibilidades. Cuando provoca una emoción positiva, no se comporta de una manera definida. En cambio, piensa en cosas diferentes; esto le hace pensar en posibilidades, que a su vez mejoran su conjunto de habilidades. Cuando sabe que puede hacerlo mejor, comienza a explorarse a sí mismo, a pensar en nuevas ideas y a pulir sus habilidades. Cuando piensa negativamente, esto se vuelve imposible.

Simplemente aprendiendo el arte del pensamiento positivo, puede construir su autoestima y confianza en sí mismo, lo que le dará el valor para curarse y empoderarse. Analicemos más de cerca cómo puede mejorar su vida si desarrolla la capacidad de pensar positivamente en todo momento.

Cómo el Pensamiento Positivo le da poder

El optimismo es sin duda la clave para lograr todos sus objetivos y dejar su marca en el mundo, y la Sra. Keller dice que, indudablemente, es la verdad. Hellen Keller solo tenía 19 meses de edad cuando perdió el poder de escuchar y ver después de una infección por fiebre escarlata. Aunque ella no podía oír ni ver, eso no le impedía creer en sí misma. Ella estaba segura de que aprovecharía al máximo su vida; ese optimismo la ayudó a obtener un título universitario.

Incluso después de obtener un título universitario, ella no se detuvo ahí: pasó a convertirse en una influencia significativa en la vida de las personas sordas y ciegas, y ayudó a muchos niños a aprender, estudiar y crecer. También es la orgullosa autora de 12 libros asombrosos y la editora de varios artículos notables.

Helen Keller logró todo esto gracias a su habilidad de pensar en positivo. Muchos de nosotros vemos ser sordomudo como limitaciones. La Sra. Keller no percibió su incapacidad para ver y oír como deficiencias o limitaciones. En cambio, percibió esta desgracia como una oportunidad para demostrar su valía a pesar de sus incapacidades y así lo hizo.

Esto es precisamente lo que el

pensamiento positivo puede hacer por usted. Si puede hacer maravillas por la Sra. Keller y muchas otras personas exitosas, también puede causar un efecto mágico en su vida.

Estos son los brillantes cambios y mejoras que puede disfrutar al mirar el mundo y su vida a través de un lente optimista.

Se empieza a valorar más

Si no se siente bien consigo mismo y no está satisfecho con ninguna de sus características, rasgos o cualidades, y se encuentra inadecuado, es probable que se devalúe y nutra una baja autoestima. La autoestima es cuánto te valoras o menos Naturalmente, si no tiene un gran respeto por sí mismo, no se defenderá cuando alguien lo humille, principalmente porque cree que lo que la otra persona está diciendo es correcto. Esto le hace sentir miserable, lo que a su vez arruina tu percepción de todo lo que le rodea. Cuando no se sienta feliz consigo mismo, es probable que tampoco le guste nada a su alrededor.

Si presta mucha atención a su proceso de pensamiento y su efecto en sus emociones, sentimientos y comportamiento, descubrirá que los pensamientos negativos enraizados en su mente son la causa de su baja autoestima.

Cuando piensa negativamente de sí mismo, alimenta una baja autoestima, que a su vez debilita su autoestima. Esto demuestra que sus pensamientos negativos son la causa de una baja autoestima. Imagina cómo se sentiría si se deshiciera de esos pensamientos negativos: ¡se sentiría increíble, verdad!

Naturalmente, cuando pensamientos positivos albergan en su mente, usted piensa en cosas buenas sobre sí mismo, lo que automáticamente aumenta su autoestima.

Cree en sí mismo

El pensamiento positivo no solo ayuda a mejorar su autoestima, sino que también aumenta su confianza. Cuando se valora, empieza a creer en cosas buenas sobre sí mismo, lo que acrecienta su fe en sí. Esto moldea su autoconfianza, lo que, por lo tanto lo alienta a seguir, establecer metas y perseguirlas.

Hacer esto es imposible cuando alimenta

una mentalidad negativa porque los pensamientos negativos siempre le hacen sentir incompetente e incapaz. Cuando nutre pensamientos como "Siempre seré un fracaso" o "Nunca podré probarme a mí mismo", es poco probable que rompa el capullo de la negatividad, lo que en esencia significa que permanecerá encerrado en esa cáscara para siempre. Solo a través de alimentar pensamientos positivos puede romper y escapar de la cáscara de la negatividad.

Los pensamientos positivos abren su mente, mejora su habilidad de pensar y le ayudan a explorarse. A medida que se explora, se vuelve más consciente de sus cualidades y fortalezas, lo que aumenta su autoestima.

Se vuleve determinado

El optimismo en verdad le hace poderoso. Aquí, ser poderoso no se refiere a tener fuerza física. Se refiere a su fuerza emocional y resistencia mental. Cuando desarrolla una actitud optimista, sabe que uno o dos contratiempos no lo definen o significa que no puede lograr sus objetivos. Cuando falla o no cumple con sus objetivos según lo planeado, no se sienta y suspire. Se levanta, lo intenta de nuevo y vuelve a golpear los obstáculos con más fuerza.

La capacidad de seguir persistiendo, perseverar en los momentos difíciles y tratar de lograr su objetivo hasta que los logre se llama agallas. Las agallas, según los expertos, son la herramienta número uno que necesita para alcanzar todo tipo de éxito en la vida y disfrutar del empoderamiento que desea.

Como se describió anteriormente, las agallas son algo que puede desarrollarse a través del arte del pensamiento positivo. Si se convierte en un pensador positivo, cultivará las agallas y se convertirá en el jefe de su vida.

Se vuelve creativo

El pensamiento positivo no solo lo hace útil, sino que también lo ayuda a liberar sus habilidades creativas. Cuando no se conforma con menos de lo que desea y se esfuerza por lograrlo, sigue intentando nuevas cosas mientras lucha contra todos los obstáculos que enfrenta en su viaje. Si una cosa no funciona, rápidamente prepara otra mezcla para solucionar su problema. Por lo tanto, esto refuerza sus habilidades creativas y le ayuda a ser más innovador.

Cuando desarrolla la capacidad de mirar fuera de la caja, nunca se conforma con menos de lo que quiere: sigue persiguiendo sus sueños y metas.

Como puede ver, la simple destreza de pensar positivamente puede transformarlo para mejor. Cuando se convierte en una persona mejorada, segura y madura, desarrolla la capacidad de dividir su vida de la manera que desea, lo que le ayuda a construir una vida empoderada.

Ahora que sabe cómo el pensamiento positivo puede potenciarnos, descubramos como puede fomentar ese hábito.

Capítulo4: El poder del pensamiento positivo

El pensamiento positivo es un concepto que la gente dice todo el tiempo. Los profesionales de salud mental, así como gurús, con frecuencia aconsejan a los demás que se mantengan positivos, incluso cuando se encuentran envueltos en situaciones difíciles. Es fácil decir mantenerse positivo, pero puede ser un bastante difícil de hacer. En tiempos de caos, hambruna, calamidades y problemas, puede ser muy duro buscar el lado bueno.

No obstante, es crucial tener una actitud mental positiva que lo lleve a esperar resultados favorables. Le permite ser más saludable, más feliz y más productivo.

Incluso si su nivel de optimismo no es tan alto, puede ayudarlo a alcanzar sus metas y objetivos.

El pensamiento positivo es un proceso que debe aprender y adoptar en su vida cotidiana. Cuando mantiene una mentalidad positiva, se fortalece para aumentar sus niveles de satisfacción y felicidad. Además, el pensamiento positivo puede ayudarlo a tener éxito. Puede intentar preguntarle a gente exitosa. Lo más probable es que le dirán que también ellos han experimentado adversidades que casi los hicieron renunciar. Pero no lo hicieron, porque tienen una mentalidad positiva.

Las personas exitosas, productivas y efectivas tienen una actitud positiva. Ellos saben lo que quieren. Están enfocados. Ellos no dejan que los tiempos parados obtengan lo mejor de ellos. Tiene que darse cuenta de que todos experimentamos adversidades porque nadie es perfecto. Todas las personas tienen problemas. Es posible que simplemente no note que otras personas están teniendo dificultades porque tienen una actitud saludable hacia su situación. Si se convierte en un individuo optimista, ya estará muchos pasos por delante de sus compañeros. El secreto para mantenerse positivo es tomar control total de sus pensamientos.

Tenga en mente que el éxito es el noventa por ciento como resultado directo de la forma que usa su mente. Los mejores atletas, personas de negocio y profesionales saben la importancia de usar su mente apropiadamente. Henry Ford, el fundador de la muy conocida compañía Ford Motor, dijo que tiene razón si cree que puede o no puede hacer algo.

A menudo, las personas fracasan incluso antes de comenzar una empresa. Esto sucede porque no usan sus mentes adecuadamente. Usan temores imaginarios, sentimientos negativos y fracasos pasados para ahuyentar sus sueños y metas en la vida.

Debe tener en cuenta que no hay un requisito previo para su éxito. Solo tiene que creer en sus habilidades. Tiene que esforzarse para convencerse de que tiene la capacidad de tener éxito en la vida.

No puede convencerse a sí mismo de que simplemente puede confiar en sus habilidades una o dos veces y luego hacer una diferencia real en su vida. Tiene que ser persistente y fiel en sus habilidades. Tiene que creer que puede hacerlo de verdad. Puede practicar contándose afirmaciones positivas todos los días. Luego, puede progresar para hacerlo cada semana, cada mes, y así sucesivamente.

Una vez que desarrolle este hábito, le será difícil detenerse. Una vez que llegue a un punto en el que ya confíe en sus habilidades, las energías de su cuerpo le darán prisa.

Su mente crea su mundo. Eso es un hecho. Puede probar esto mirándose. Piense en todas las cosas que ve, desde los accesorios de iluminación hasta los muebles en su hogar. Admira las plantas y los árboles, y las maravillas de la naturaleza. Recuerde que cualquier cosa que su mente conciba, puede crear.

Si piensa que las estrategias de pensamiento positivo son confusas, debe tratar de no hacer juicios rápidos hasta que intente utilizar el pensamiento positivo para sus elecciones de vida. Se sorprenderá con lo que descubra.

Pensamiento positivo y física cuántica

El pensamiento positivo y la física cuántica están interconectados. Incluso los más grandes filósofos de todos los tiempos, como Jesús y el Buda, han practicado el poder de la mente. La física cuántica es la causa de curiosidad para el Universo, así como el deseo de aprender cómo funciona científicamente.

Los investigadores de la física cuántica descubren continuamente que sus creencias y percepciones sobre la realidad pueden alertar a esa realidad para que se ajuste a una perspectiva particular. Muchos científicos ya han hecho experimentos con la esperanza de descubrir que los bloques de construcción básicos del Universo son ondas o partículas. Siguieron discutiendo sobre los resultados de los experimentos. Eventualmente, comenzaron a usar nuevas formas para sus experimentos.

Los científicos aprendieron que estos bloques de construcción básicos se convirtieron en partículas u ondas, pero solo en función de lo que los científicos esperaban que fueran. Por ejemplo, cuando los científicos querían que se convirtieran en partículas, se convertían en partículas. Cuando los científicos querían que se convirtieran en ondas, se convertían en ondas.

Puede aplicar el mismo principio a su propia vida. Lo que crea que sea su realidad, va a ser su realidad. Sucede así porque es lo que espera que suceda. Este es el propósito por el que muchas personas exitosas consideran sus mentes como su posesión más importante. Son conscientes del hecho de que sus creencias crean sus realidades.

Causas del pensamiento positivo
Cuando alberga pensamientos positivos en

su mente, su cuerpo libera energía positiva. Esto es bueno tanto para su salud mental como física.

A través del pensamiento positivo, puede aliviar el estrés y la tensión. La mayoría de las veces, las personas se absorben demasiado en su trabajo y se olvidan de relajarse. Sus agitados horarios les impiden tomar el tiempo para descansar y divertirse. Están consumidos por los problemas que tienen en el trabajo y tienden a llevar estos problemas a casa.

Este tipo de comportamiento es lo que afecta negativamente a sus vidas. Si se ve entre estas personas, tiene que cambiar su forma de pensar y sus hábitos de inmediato. De lo contrario, se encontrará en situaciones mucho peores. Preocuparse sin parar nunca es bueno. El estrés es perjudicial para la salud y puede aumentar los riesgos de enfermedades cardíacas, cánceres, presión arterial alta y diabetes, entre otras enfermedades.

Si está estresado todo el tiempo, varios aspectos de su vida pueden verse afectados. También puede hacer que se sienta frustrado y que pueda liberar su frustración a otras personas. Si hace esto con frecuencia, sus relaciones personales y profesionales pueden tensarse. No es aconsejable sacar sus sentimientos negativos hacia los demás. Puede terminar solo y ganar una reputación negativa.

Por otro lado, si practica el pensamiento positivo, desarrollará buenos hábitos sobre cómo lidiar con situaciones estresantes. A pesar del caos y la adversidad, mantendrá la calma y la racionalidad. También verá el lado positivo de la situación, no importa lo negativo que parezca. Debido a esto, podrá tomar decisiones razonables y sensatas.

En realidad, es cómo percibe las cosas que predicen el resultado de su vida. Incluso puede reducir el riesgo de problemas de salud mental, como depresión y ansiedad, si modifica la forma en que ve todo.

Además, el pensamiento positivo puede aumentar sus niveles de confianza y mejorar sus relaciones. A pesar de sus deficiencias, todavía tendrá la confianza suficiente para hacer las cosas que desea. Encontrará formas de cómo convertir sus debilidades en fortalezas.

Capítulo 5: Ejercicios para la positividad

Una vez que hayamos reconocido nuestra tendencia a pensar negativamente, podemos comenzar a tomar algunos pasos simples muy importantes para cambiar ese pensar. Primero, debemos aceptar que necesitamos cambiar nuestros patrones de pensamiento actuales y que somos más que capaces de hacerlo. Ya hemos visto que los pensamientos positivos apoyan nuestro bienestar. La ciencia ha demostrado esto en gran medida en muchas áreas, desde la salud hasta la longevidad, pero no necesitamos ciencia para mostrarnos eso. Creo que la mayoría de las personas son conscientes de que nuestros pensamientos negativos no nos permiten ser y funcionar mejor. También, a través de la experiencia en nuestras propias vidas, hemos sido testigos de lo mucho más atractivo y divertido que es estar rodeado de personas verdaderamente positivas que aquellos que están constantemente en un estado negativo.

Crea en que puede cambiar

Creer que puedes cambiar intencionalmente la forma en que piensas es a veces más un obstáculo para que los pensadores negativos puedan superar. Pueden reconocer que se puede hacer, pero de alguna manera se han condicionado a sí mismos para creer que el cambio positivo es algo que está más allá de sus capacidades; un regalo que otros tienen pero que ellos no han sido provistos. Si usted es una de esas personas, le insto a no rendirse. En su lugar, concéntrese en el hecho de que desea cambiar su forma de pensar y hacer frente a algunos de los ejercicios a continuación diariamente durante solo un mes. Estoy convencido de que si haces eso comenzarás a ver resultados.

Empiece desde el principio

Siempre trate de comenzar su día con un pie positivo. Antes de siquiera levantarse de la cama, mientras se encuentra en un estado de semi-vigilia, intente pensar en tres cosas por las que podría estar agradecido. Pueden ser tres cosas, e incluso si parecen indulgencias egoístas, no deje que eso le desanime. Enfóquese en cada una de esas tres cosas. Juegue con ellas en su mente hasta que tenga una idea de ellas. No use las mismas tres cosas todos los días, o el proceso perderá sentido y se convertirá en un mero ritual. Dependiendo de la firmeza que tenga para usted un pensamiento negativo, puede ser difícil al principio, pero dentro de una semana el ejercicio será más fácil porque su mente comenzará a buscar pequeñas cosas por las que estar agradecido a lo largo de cada día.

Sea consciente de la negatividad

A medida que se levante y comience su rutina diaria, entrene su mente para vigilar los pensamientos negativos. Tan pronto como vea uno, reemplácelo con un pensamiento contrario que sea positivo.

Muchos pensamientos negativos están volviendo a ocurrir. El mismo pensamiento continuará metiéndose en su pensamiento a lo largo del día. Incluso esto puede considerarse desde un punto de vista positivo porque cada vez que comienza el pensamiento negativo lo contrarrestamos con un pensamiento positivo diferente, de modo que puede estar seguro de que ha comprendido el problema y ha considerado todos los ángulos positivos en su contra.

Deje de catastrofizar

En lugar de catastrofizar e imaginar el peor de los escenarios para cualquier situación futura, ponga ese pensamiento en la cabeza y piense en el resultado más positivo y cómo lo manejaría.

Filtrar y polarizar

Estos son dos rasgos comunes que emplean los pensadores negativos que debemos evitar. Filtrar implica exagerar mentalmente lo negativo y minimizar lo positivo, mientras que polarizar implica pensar que las cosas son positivas o negativas sin nada en el medio. Todos hacemos un poco de ambos de vez en cuando, pero a medida que mejoramos nuestro pensamiento positivo y ahora somos conscientes de los rasgos, podemos superar estos procesos de pensamiento empleando los métodos por los que estamos trabajando.

Utilice la respiración

En cualquier etapa que sienta, el estrés busca el pensamiento negativo que casi definitivamente está detrás de él. Contrarreste ese pensamiento y enfoque la respiración lenta y profunda mientras lo hace. En cualquier situación de estrés, nuestra respiración se vuelve superficial y rápida en preparación para la respuesta de lucha o huida que hemos heredado de la naturaleza. La respiración lenta, deliberada y controlada ayuda a aliviar esto y envía más oxígeno al cerebro, lo que permite que se realicen procesos de pensamiento más razonados.

Alimente la mente

Alimente su mente con mensajes de autoafirmación y confianza. Las declaraciones de esta naturaleza pueden parecer inútiles, pero están alimentando su mente con pensamientos positivos y espacio de relleno que de otro modo podrían haber estado llenos de pensamientos negativos. A muchas personas les resulta beneficioso escribir declaraciones positivas durante el día. El acto físico de escribir que podemos hacer casi sin pensar ayuda a prolongar un pensamiento positivo que podríamos haber considerado menos si fuera simplemente a través de nuestros procesos de pensamiento.

Establezca lo positivo

Recuerde no solo tener pensamientos positivos, sino también hacer declaraciones positivas durante la conversación. Necesita comenzar a proyectar una persona más positiva. Simplemente pensar positivamente no es suficiente. Si desea obtener el beneficio completo de una mentalidad positiva, entonces debe ser visto por los demás como una persona positiva al interactuar en su vida diaria. Esto tendrá dos beneficios. Cuando se exprese, se concentrará en lo positivo y comenzará a inducir una atmósfera positiva entre quienes le rodean, lo que a su vez significa que se beneficia al ser parte de un entorno positivo.

Enseñe y ayude a los demás
Otra gran manera de generar positividad en sí mismo es enseñarlo a otros. Algunas de estas técnicas con las que está comenzando serían beneficiosas para sus hijos si las adoptaran temprano en sus vidas antes de que sus mentes se aferren

demasiado a los pensamientos negativos. Una vez que le conozcan como una persona positiva, la gente comenzará a preguntarle cómo se las arreglas para ver siempre las cosas de manera diferente a la multitud, y podrá utilizar algunas de las técnicas que está aprendiendo aquí. Enseñarla no solo aumentará su estado, sino que también impulsará las imágenes positivas que desea inculcar en su personaje.

Muéstrese agradecido

Gratitud y positividad son dos caras de la misma moneda. Es casi imposible estar agradecido por algo sin ser positivo al respecto. Ha comenzado su día libre con una nota agradecida. Ahora busque cosas pequeñas para continuar agradeciéndoles mientras avanza en su día. De repente, sus ojos se abrirán a un mundo completamente nuevo que siempre estuvo ahí pero a lo que sus sentidos se han vuelto aburridos. Apreciarlos y concentrarse en ellos solo un poco es una de las cosas más positivas que aprenderá a hacer.

Grandes beneficios físicos

Hemos visto cómo nuestras mentes pueden tener efectos positivos en nuestro cuerpo con respecto a la salud. Debido a que la mente y el cuerpo están estrechamente relacionados entre sí, hay cosas que podemos hacer físicamente que influyen en nuestra actitud mental. Salir de la cama media hora antes cada día puede tener un efecto dramático en su estado mental y en la cantidad que puede hacer. Por supuesto, algunas personas no son personas mañaneras, y el mero amago de tener que levantarse antes puede provocar un escalofrío. Creo que el aspecto físico de levantarse de la cama está relacionado con nuestro enfoque mental, y es por eso que he esperado hacia el final del libro antes de hablar del tema.

A medida que su pensamiento se vuelve más positivo, encontrará que ve las cosas tan diferentes en comparación con la forma en que solía hacerlo. Comenzará a ver los aspectos positivos incluso en cosas como levantarse antes. Lo mismo se puede decir para el ejercicio, y comer correctamente. A medida que se enfoca en lo positivo, el vínculo entre cuerpo y mente se hará más evidente y comenzará a inclinarse naturalmente para tomar decisiones más positivas sobre cómo trata a su cuerpo.

No estoy aquí para abogar por un cambio total en su vida, pero debe ser consciente y esperar el hecho de que, al reajustar la mente, eventualmente se verán cambios en todas las franjas de su estilo de vida. Al igual que yo, puede comenzar incluso a cambiar el material con el que alimenta su mente. Tiendo a ser desanimado por los libros y programas de televisión que ahora percibo como temas negativos.

Nunca fue mi intención cambiar en esas áreas; simplemente se ha convertido en una consecuencia de una mentalidad más positiva. Son simplemente adaptaciones sensatas que surgieron naturalmente como resultado de pensar en los beneficios positivos que tendrían esos cambios.

Capítulo 6: Cuando lo positivo puede ser negativo

Conceptos erróneos sobre el pensamiento positivo

Algunos pueden burlarse de la creencia en el pensamiento positivo y verlo como una especie de pseudociencia sin sentido. Aclarar este asunto es importante. Algunas cosas deben quedar claras sobre el pensamiento positivo:

- No implica algunos hechizos mágicos, rituales o poderes.
- No se trata de tener metas o expectativas poco realistas.
- Implica mirar las cosas de manera positiva, pero realista.
- El pensamiento positivo vade la mano

con la acción positiva.

Dicho esto, hay momentos en que no funcionará todo el pensamiento positivo en el mundo. ¿Sueno negativo en este momento? Estas son verdades que nos ayudarán a evitar tener expectativas irrazonables que solo nos frustrarán al final. Para avanzar hacia el éxito, es una acción positiva identificar y enfrentar los obstáculos.

Obstáculos para el pensamiento positivo
Negando sus miedos y no afrontando la realidad

Los pensadores positivos tienen el coraje de enfrentar sus miedos porque saben que debe hacerse para que ocurra un cambio positivo. Una persona que niega haber sentido dolor en su abdomen porque quiere ser "positivo" al respecto, puede terminar en la sala emergencias por una apendicitis o algo peor. Pensar en forma positiva significa mirar a la cara nuestro desafío y saber que podrá superarlos. El pensador positivo habría tenido un chequeo y sabría que podría tomar medicamentos y medidas para hacer todo bien.

Pensando en positivo pero no haciendo nada al respecto

Pensar en forma positiva no es soñar ni desear sin sentido, luego, sentarse a esperar a que le caiga en el regazo. El pensamiento positivo es saber que puede soñar y luego tomar medidas para lograr ese sueño. El sueño solo es posible con la acción positiva.

Creyendo que el pensamiento positivo significa que nada malo le sucederá

El pensamiento positivo significa enfrentar sus miedos y encontrar soluciones. Significa enfrentar la realidad de que pueden suceder cosas malas pero que al final estará bien. Esto significa que, los malos sentimientos a veces pueden ser desencadenantes para que podamos mejorar y para que desarrollemos soluciones a nuestros problemas. Significa que podemos tener esperanza a pesar de las pérdidas, obstáculos o dificultades que encontramos en la vida.

No saber lo que quiere

Si cree que solo puede sonreír y reír, pero no tiene ninguna visión o sueños, esto no es pensar de forma positiva. Los pensadores positivos tienen una visión clara y siempre están avanzando hacia sus objetivos al tomar pasos positivos para lograrlos.

Esperando que las cosas sucedan exactamente como usted quiere

Esperar que las cosas sucedan solo de la manera que usted quiere puede hacer que pierda el resultado positivo que desea. Es posible que haya soñado con una mansión, pero solo consiguió un apartamento y sintió que perdió el tiempo pensando positivamente. Los pensadores positivos son flexibles y reconocen las cosas buenas cuando vienen. Cuando las cosas no salen como se espera, los pensadores positivos no se revolcan en la decepción. Son flexibles y agradecidos por todas las grandes cosas que se les presentan.

Centrarse en lo negativo sin saberlo

Uno puede simplemente decir que son positivos, pero que no tratan realmente con los aspectos negativos de su vida. Puede haber emociones negativas que aún dominan sus pensamientos e impiden las acciones que le permitirá realizar para alcanzar sus metas. Puede decir: "Perdono a mi malvado y engañoso marido y ahora estoy pensando positivamente". Parece que la amargura y el dolor no se han tratado todavía. Este es un obstáculo para lograr el éxito.

Logrando un equilibrio

El pensamiento positivo no debe disminuir de ninguna manera nuestro deseo de alcanzar nuestros sueños. Debería impulsarnos y empujarnos hacia nuestros objetivos. Los obstáculos a la efectividad del pensamiento positivo tienden a ralentizarnos. La comprensión errónea del pensamiento positivo lleva a algunos a perder su impulso hacia el éxito. Algunos creen que el pensamiento positivo significa sentarse cómodamente para permitir que el universo libere lo que sea que deseen.

Para lograr un equilibrio, no debemos perder de vista el otro lado del pensamiento positivo, y eso es una acción positiva. Debido a que el pensamiento positivo promueve emociones felices y placenteras, tendemos a pensar que se trata de disfrutar y relajarse. Puede parecer desagradable, pero convertirse en un éxito al emplear un pensamiento positivo todavía, requiere que enfrentemos los obstáculos que se encuentran actualmente en nuestro camino y diseñemos pasos concretos para superarlos. Sin embargo, el pensador positivo tendrá a su disposición los beneficios de una mente más clara, más aguda, más motivada y creativa, así como un cuerpo más sano, más energético.

Capítulo 7: Cómo resolver los problemas personales

Nuestra debilidad es nuestra falta de técnicas profundas de resolución de problemas. Tenemos la noción de que si la medicina no puede curarla, entonces, no se puede arreglar. Esta mentalidad de corrección inteligente ha dado lugar a industrias multimillonarias de drogas. El problema es que compramos sabiendo que el problema que estamos tratando de curar solo puede resolverse mirando más profundo.

Como seres humanos, tenemos ese problema subyacente que nos tortura regularmente. A menudo, escondemos este problema. Estos problemas pueden ser adicciones, ansiedad, celos, inferioridad, comer en exceso y mucho más.

- **El camino a seguir**

La verdadera solución comienza cuando se acerca al problema. Sin embargo, muchos de nosotros esperamos una solución mágica o un remedio instantáneo, y cuando no lo encontramos, nos rendimos fácilmente. Además, no revelamos la verdad a aquellos que quieren ayudarnos y abordar el problema con negatividad.

- **Dele respeto al problema**

No odie al monstruo, ni trate de matarlo porque ha sobrevivido lo suficiente a pesar de que intente eliminarlo. La verdad es que puede volverse aún más fuerte a medida que se resiste. Tome tiempo y piense en ello.

- **El problema es su mejor maestro**

  En el momento en que acepte que el problema interno es su maestro, el cambio comenzará. Si solo escucha, se dará cuenta de que tiene mucho que aprender de su problema interno.

- **Evite buscar una bala mágica.**

- **Investigue lazos subyacentes**

  Esta es la causa. Nadie prefiere encontrar un problema, pero cuando lo tiene, es el único responsable. Además, debe saber que le será difícil identificarlo.

- **Tenga alguien con quien hablar**

  No se sienta avergonzado ni asustado.

Comparta su problema con alguien que ha experimentado lo mismo. Compartir el problema atrae soluciones.

Conclusión

Ha leído lo que necesita para desarrollar su confianza en sí mismo, su autoestima y cómo resolver problemas personales entre otras cosas. Para que esta información sea útil y efectiva en su vida, no se limita a leer este libro. Es hora de que aplique lo que ha aprendido y lo practique para una vida mejor y plena, llena de felicidad.

No importa a lo que enfrente en la vida, enfóquese en su energía, reconozca y busque el bien en todo lo que sucede. Todos sabemos que cambiar todo lo que ha aprendido y adquirido en esta vida no es tan simple. Sin embargo, es su deber intentarlo, ya que nada es fácil. En lo que sea que haga, esfuércese por tener una mente pacífica, satisfacción y una conciencia interior de las cosas simples de la vida que tienen un gran impacto en nosotros.

¡Ser feliz es su elección y solo suya! Puede parecer un amor duro, pero no es más que un recordatorio de que lo que quiera en la vida está dentro de sus posibilidades. En el momento en que haga que su felicidad se base en factores externos, por ejemplo, otras personas, no tendrá el control de su vida, otras lo harán. Hágase una prioridad en esta vida.

Se sentirá feliz cuando se dé cuenta de que ha hecho un esfuerzo por mejorar. Rara vez nos tomamos el tiempo para apreciar lo que hemos logrado. No hay nadie en esta tierra que nunca haya logrado nada;

estamos demasiado atrapados en la vida para realizarlos.

www.ingramcontent.com/pod-product-compliance
Lightning Source LLC
Chambersburg PA
CBHW071901070526
44583CB00016B/1793